AF204101

Malcolm Shuttleworth
Englisch kurz und knackig

Malcolm Shuttleworth

Englisch
kurz und knackig

299 Tipps und Tricks
Mit zahlreichen Illustrationen

Anaconda

Die Deutsche Nationalbibliothek verzeichnet diese
Publikation in der Deutschen Nationalbibliografie;
detaillierte bibliografische Daten sind im Internet
unter http://dnb.d-nb.de abrufbar.

Penguin Random House Verlagsgruppe FSC® N001967

© 2021 by Anaconda Verlag, einem Unternehmen der Penguin
Random House Verlagsgruppe GmbH, Neumarkter Straße 28,
81673 München
Alle Rechte vorbehalten.
Umschlagmotiv: London, Panorama-Szene,
shutterstock / aninata
Umschlaggestaltung: Druckfrei. Dagmar Herrmann,
Bad Honnef
Satz und Layout: www.paque.de
Druck und Bindung: PBtisk, a.s., Příbram
Printed in Czech Republic 2021
ISBN 978-3-7306-0964-4
www.anacondaverlag.de

Kurz zum Einstieg
Just a quick word …

Dieses Buch gibt Sprachtipps für Anfänger und Fortgeschrittene mit dem Schwerpunkt auf typische Fehler, die man leicht vermeiden kann. Viele Tipps funktionieren nach dem Ampelsystem: **Grün** heißt richtig, **rot** heißt falsch! Viele weisen aber auch nur in **Grün** auf das richtige Wort oder die richtige Sprachform hin. Auf Deutsch gibt es für viele Wörter und Sätze kurze Erläuterungen und Übersetzungshilfen. Für die Aussprache wurde eine stark vereinfachende Umschrift verwendet, an der sich deutsche Muttersprachler orientieren können (Großbuchstaben bedeuten: Betonung auf dieser Silbe).

Viel Spaß beim Stöbern, Lachen, Lernen und Knobeln!

Enjoy!

1 Ein bisschen was Nützliches

Something useful

You don't **stand up** in the morning, you **get up**.

aufstehen

2 Achtung, falscher Freund!

False friend alert!

My **chef** cooks food, but my **boss** tells me what to do.

Auf Englisch ist ›chef‹ der Koch, ›boss‹ ist Boss.

3 Nur im Plural

There's no singular to this!

I have never heard of **headquarter**, but I've heard of **headquarters**.

Hauptquartier

4 Immer diese Präpositionen …

Prepositions, prepositions

Don't **take out** your shoes, **take off** your shoes.

Schuhe ausziehen

5 Gleiche Aussprache, andere Bedeutung

Sounds the same – different meaning

Me **too**!	Ich auch!
There are **two** of us.	Wir sind zu zweit.
I'm going **to** bed.	Ich gehe ins Bett.

6 Eselsbrücke

Donkey bridges

How can I avoid confusing **Tuesday** and **Thursday**?

Tues sounds like **two** – **Tuesday** is the **second** day of the week.

Was kann ich tun, um Dienstag und Donnerstag nicht mehr zu verwechseln? ›Tues‹ klingt wie ›two‹ (zwei) – Dienstag ist der zweite Tag der Woche.

7 Lost in translation

How would you translate the following sentence?

Wie würdest du den folgenden Satz übersetzen?

»Wir sind über Paris nach New York gereist.«

Did you get it right?

We travelled to New York **via** Paris. – Not **over**!

8 Grammatik-Tipp

Grammar tip

I **live** here. (**a fact**)

I **have lived** here for 10 years. (**a period of time** until now.)

Present tense für Tatsachen. Present perfect für Zeiträume, die bis zur Gegenwart reichen und noch andauern!

9 Ein bisschen was Nützliches

Something useful

It's a **polar bear**, not an **ice bear**.

Eisbär

10 Grammatik-Tipp

Grammar tip

I'm a **good** worker (**noun** + **adjective**) and I work **well**. (**verb** + **adverb**)

Zum Substantiv (Arbeiter) gehört das Adjektiv ›good‹, zum Verb (arbeiten) gehört das Adverb ›well‹.

11 Ein Wort, zwei Bedeutungen

One word – two meanings

So kannst du gut deinen Wortschatz erweitern!

There is a beautiful **cross** outside the church.

She was very **cross** with me.

Vor der Kirche steht ein schönes Kreuz.

Sie war sehr böse auf mich.

12 Die Unzählbaren

Uncountables

You don't get **a feedback** (or **feedbacks**), you get **feedback**. It's uncountable.

Don't use articles (a/an) with uncountable nouns!

Rückmeldung. Bei unzählbaren Substantiven benutzt man keinen unbestimmten Artikel.

13 Gleiche Aussprache, andere Bedeutung

Sounds the same – different meaning

They fitted a water **meter** in our kitchen.

My kitchen is 20 square **metres**.

Aussprache MIE-ta(s). In unserer Küche wurde ein Wasserzähler eingebaut.

Meine Küche hat 20 Quadratmeter.

14 Britisches und amerikanisches Englisch

UK versus US

Rubbish is called **trash** in America.

Müll

15 Die Rechtschreibbiene

Spelling bee

Can you spell **address** correctly? – Not **adress**!

Adresse schreibt man auf Englisch mit zwei d!

16 Apostrophenalarm

Do you need an apostrophe for plurals? Certainly not!

one boat – two boat**s**

one man – two **men**

one car   – two car**s**

Pluralformen kriegen kein Apostroph!

17 Stolperstein Plural

Plurals are important

one brother – two brother**s**
one euro   – two euro**s**
one friend   – one of my friend**s**
one tooth   – two **teeth**

Achtung bei unregelmäßigen Pluralformen!

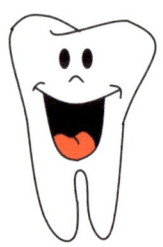

18 Ein Wort, zwei Bedeutungen

One word – two meanings

So kannst du gut deinen Wortschatz erweitern!

I can hear a strange **sound**.
That foundation is **sound**.

Ich höre ein seltsames Geräusch.
Dieses Fundament ist solide.

19 Apostrophenalarm

But you do need an apostrophe to talk about things that belong to people:

My dad**'s** car.
My mum**'s** handbag.

Das Auto meines Vaters, Mamas Handtasche.

20 Grammatik-Tipp

Do you know the difference between difference and different?

What's the **difference**? (**noun**)
My sister is so **different** to me. (**adjective**)

Was ist der
Unterschied?
Meine Schwester
ist so anders als ich.

21 Stolperstein Plural

Plurals are important
one **wife** – two **wives**
Ehefrau(en)

22 Ein bisschen was Nützliches

Something useful
Tell me something. Don't **say me** something.
Erzähl mir was!

23 Aussprache-Tipp

Say it right
Did you know that the word recipe has three syllables? **re-ci-pe**
Aussprache RE-se-pi, nicht ri-SAIP; Rezept, auf Englisch mit drei Silben

24 Immer diese Präpositionen …

Prepositions, prepositions

You can be **on your own** or **by yourself**.
(Not **by your own** or **on yourself**!)

allein sein

25 Grammatik-Tipp

Advice is what you give, **(to) advise** is what you do.

Ratschlag und jmd. etwas raten; Substantiv vs. Verb

26 Vokabeltrainer

A little help with the right words!

Check your invoice, but **prove** your innocence.

die Rechnung kontrollieren; seine Unschuld beweisen

27 Aussprache-Tipp

Say it right

Do you love listening to a **choir**?
Sing!

Aussprache KWAI-a; Chor

28 Die Rechtschreibbiene

Spelling bee

One of the most difficult words to spell in English is **accommodation**.

Unterkunft

29 Grammatik-Tipp

(to) fly is the verb, but you take a **flight**.

fliegen und Flug; Verb vs. Substantiv

30 Sammelnamen

Collective names

Sammelnamen haben keinen Plural!

a **pride** of lions

Löwenrudel

31 Grammatik-Tipp

If you are a **heavy** smoker, you smoke **heavily**.

starker Raucher; Adjektiv vs. Adverb

32 Immer diese Präpositionen …

Prepositions, prepositions

in a month/year **on** a day/date   **at** a time

in January/1997 **on** Monday/27th June **at** nine o'clock

in einem Jahr, an einem Tag, zu einer Zeit

33 Das wissen viele nicht …

Not many people know this …

not many people know this…

At the end of the evening in the pub, the barman shouts '**Last orders**, please!' He doesn't shout '**Last order**, please!'

Auf Englisch immer im Plural!

34 Klingt doch richtig …

It sounds like …

You might say '**How late is it**?' – but I would ask '**What time is it**?'

Wie spät ist es? Vorsicht mit direkten Übersetzungen!

35 Das gibt es doch gar nicht!

Non-existent nonsense!

Your teacher gives you **homework**, or **lots of homework**.

He does not give you **homeworks** (because **homework** is uncountable and does not need an s).

Hausaufgaben; auf Englisch im Singular und unzählbar

36 Britisches und amerikanisches Englisch

UK versus US

A **rubber** is called an **eraser** in America.

But a **condom** is called a **rubber**. So be careful what you ask for!

Immer aufpassen, wonach man fragt! Und nicht das Radiergummi mit einem Kondom verwechseln!

37 Ein bisschen was Nützliches

Something useful

Do you have any **brothers and sisters**?
(Not '**sisters and brothers**' – though this
might change)

Hast du Geschwister?

38 Aussprache-Tipp

Say it right

Tomb raider is a well-known game, but it is
actually pronounced …

TUUM, das u ist lang, das b ist stumm.

39 Vokabeltrainer

A little help with the right words!

If you like to **travel**, you go on **trips**. Also
journeys – but note: you can't go **on a travel**,
but you see lots of things **on your travels**.

reisen, auf Reisen gehen, Reisen, auf Reisen

40 Ein bisschen was Nützliches

Something useful
Don't say '**go for shopping**' but
'**go shopping**',
'**go swimming**',
'**go camping**'.
'**go for**' is usually used
with **an article** (**a/an**) to talk about one thing:
'go for **a sleep**', 'go for **a swim**', 'go for **a beer**'

›go for‹ wird mit unbestimmtem Artikel verwendet,
um über eine bestimmte Sache zu sprechen.

Talk? After a few beers you can't shut me up!

41 Achtung, falscher Freund!

False friend alert!
Don't mix up '**current**' and '**actual**'!
What is your **current** job?
What is the **actual** price
including all taxes?
Was ist dein derzeitiger Job?
Was arbeitest du gerade?
Was ist der tatsächliche Preis, inklusive aller Steuern?

42 Aussprache-Übung

Pronunciation practice

draught	**mosque**	**subtle**
DRAAFT	MOSK	SA-tel
Luftzug	Moschee	geschickt, feinsinnig

43 Immer diese Präpositionen …

Prepositions, prepositions

Use '**until**' to talk about "how much longer":
I have to work **until** six o'clock.

Use '**by**' to talk about deadlines: We have to
deliver the goods **by** Friday.

Auf Deutsch beides »bis«: ›until‹ für »wie lange noch«,
›by‹ für Fristen und Termine.

44 Klingt doch richtig …

It sounds like …

Dish washing machine might sound right to
you, but it's a **dishwasher**.

Spülmaschine. Direkte Übersetzungen sind oft falsch!

45 Achtung, falscher Freund!

False friend alert!

Do you know the difference
between a **TV channel** and
a **TV programme**?

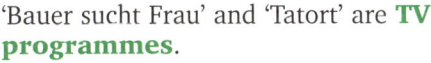

SAT 1, RTL und ARD are **TV
channels**.

'Bauer sucht Frau' and 'Tatort' are **TV
programmes**.

Was ist der Unterschied zwischen ›channel‹ und
›programme‹? Programm und Sendung

46 Auf keinen Fall!

No!

He spends a lot of money **for**
stupid things. – **No, he doesn't!**

He spends a lot of money **on**
stupid things.

Er gibt viel Geld für Unsinn aus.

47 Gleiche Aussprache, andere Bedeutung

Sounds the same – different meaning

He works on a building **site**.
My sister doesn't have very good eye**sight**.

Aussprache SAIT.
Er arbeitet auf einer Baustelle.
Meine Schwester kann nicht besonders gut sehen.

48 Synonyme

Synonyms – learning different ways of saying the same

Dasselbe anders sagen

He's obviously **unhappy**.	unglücklich
sad	traurig
glum	mürrisch, verdrießlich
upset	verärgert
desolate	traurig, einsam
sorrowful	betrübt
blue	melancholisch

49 Lost in translation

How would you translate the following sentence?

Wie würdest du den folgenden Satz übersetzen?

»Mein Vater fährt wirklich gefährlich.«

Did you get it right?

My father drives really **dangerously**. –
Not **dangerous**!

50 Sammelnamen

Collective names

Sammelnamen haben keinen Plural!

A **plague** of locusts

Heuschreckenplage

51 Lost in translation

How would you translate the following sentence?

Wie würdest du den folgenden Satz übersetzen?

»Wir hatten wirklich schlechtes Wetter.«

Did you get it right?

We had **really bad** weather.
– Not **a really bad weather**!

52 Das wissen viele nicht ...

Not many people know this ...

Did you know that the German word 'Portemonnaie' has a male and female version in English?

A man keeps his money in **his wallet**.

A lady keeps her money in **her purse**.

sein Portemonnaie, ihr Portemonnaie

53 Auf keinen Fall!

No!

There is a coffee machine **in the floor** outside our office. – **No, there isn't!**

There is a coffee machine **in the corridor** outside our office.

There is a carpet **on the floor** in my office.

Im Flur vorm Büro steht eine Kaffeemaschine. In meinem Büro liegt ein Teppich auf dem Boden.

54 Grammatik-Tipp

We know he did it and we have the **proof**. (**noun**)

We know he did it and we can **prove** it. (**verb**)

Beweis und beweisen; Substantiv vs. Verb

55 Das wissen viele nicht …

Not many people know this …

'Ratenzahlungen' in English is '**instalments**'.

We are paying for the new car in **monthly instalments**.

in monatlichen Raten

56 Gleich geschrieben, andere Aussprache!

Same spelling – different sound

That is a nasty **wound**.

He **wound** the rope around the parcel.

Aussprache WUUND. Das ist eine hässliche Wunde.
Aussprache WAUND. Er wickelte den Strick um das Paket.

57 Stolperstein Plural

Plurals are important
one **mouse** – two **mice**
Maus   – Mäuse

58 Auf keinen Fall!

No!
Does '**one time per day**'
sound good? – **No!**
Once a day, **twice** a day,
three times a day.
einmal, zwei Mal, drei Mal am / pro Tag

59 Das wissen viele nicht …

Not many people know this …
We are two people in my office.
There are two people in my
office.
Or even better … **There are
two of us** in my office.
Die wörtliche Übersetzung »Wir
sind zwei Leute …« ist falsch.

60 Sammelnamen

Collective names
Sammelnamen haben
keinen Plural!
A **brood** of vipers
Natternbrut

61 Ein Wort, zwei Bedeutungen

One word – two meanings

So kannst du gut deinen Wortschatz erweitern!

My sister is a **nurse**.

I had to **nurse** him back to health.

Meine Schwester ist Krankenschwester.

Ich musste ihn wieder gesund pflegen.

62 Seltsame Wörter

Wondrous words

Cares, **princes** and **bras** are all plural words
that become singular when you add an s.

cares – caress	Sorgen – Zärtlichkeit
princes – princess	Prinzen – Prinzessin
bras – brass	BHs – Messing

Hänge ein s an und aus dem Plural wird Singular!

63 Gleiche Aussprache, andere Bedeutung

Sounds the same – different meaning

He **pedals** to work on his bike.

My neighbour **peddles** drugs.

Aussprache PE-dels. Er fährt mit dem Fahrrad zur
Arbeit (tritt in die Pedale).

Mein Nachbar vertickt Drogen (handelt damit).

64 Auf keinen Fall!

No!
'It's **a good food**.' –
No, it isn't!
'It's **good food**.'
›Essen‹ auf Englisch ohne Artikel!

65 Aussprache-Tipp

Say it right
Biscuit is pronounced …
BIS-kit; Keks

66 Die Rechtschreibbiene

Spelling bee
Satellite is often spelt incorrectly,
be careful!
›Satellit‹ wird auch auf Englisch mit
zwei l geschrieben, aber SA-te-lait
gesprochen.

67 Aussprache-Tipp

Say it right
Colonel is a rank in the army. It's pronounced …
KÖÖR-nel; Oberst, Dienstgrad beim Militär

68 Die Rechtschreibbiene

Spelling bee
'Kollege' in German, but
colleague in English.
Aussprache KO-lieg mit weichem g
am Ende

69 Synonyme

Synonyms – learning different ways of saying the same
Dasselbe anders sagen

He is being very **careful**. vorsichtig
cautious behutsam
wary misstrauisch
circumspect umsichtig
guarded zurückhaltend

70 Britisches und amerikanisches Englisch

UK versus US
For some unknown reason a **toilet** is called a **rest-room** in America. (Do they have beds in there?)
Aus irgendeinem Grund heißt die ›Toilette‹ in den USA ›Ruheraum‹. (Gibt es dort Betten?)

71 Die Rechtschreibbiene

Spelling bee
Remember – the letter **e** is featured twice in the word **separate**. Not three times – **seperate**.
Aussprache SE-pe-ret; separat, auf Englisch mit zwei e, nicht mit drei

72 Kleiner Tipp

Watch TV, don't **look** TV.

Fernsehen gucken

73 Vokabeltrainer

A little help with the right words!

Have a party or **throw** a party – don't **make** a party.

eine Party schmeißen, Party machen

74 Kleiner Tipp

Classic cars, but classic**al** music.

Oldtimer und klassische Musik

75 Grammatik-Tipp

Grammar tip

Expensive and **more expensive** (not **expensiver**).

teuer, teurer

76 Auf keinen Fall!

No!

Do you like something to eat? – **No!**

Would you like something to eat?

Möchtest du etwas essen?

simply wrong

77 Kleiner Tipp

The meeting was **good** because it was **well-organised** (not **good**-organised).

gut und gut organisiert

78 Kleiner Tipp

Satisfied? But are you comple**tely** satisfied?

zufrieden und absolut zufrieden

79 Die Rechtschreibbiene

Spelling bee

'**loser**' only has one **o**.

Verlierer (Aussprache LUU-sa mit weichem s) hat immer nur ein o, auch wenn es lang ausgesprochen wird; ›loose‹ (Aussprache LUUS mit stimmlosem s) ist ein Adjektiv (locker, lose).

80 Britisches und amerikanisches Englisch

UK versus US

John is, of course, a boy's name, but in America **the john** is a colloquial term for the WC.

John ist ein Männername, aber in den USA heißt Klo umgangssprachlich auch ›the john‹.

81 Grammatik-Tipp

Grammar tip

You can enjoy your**self**, but several people can enjoy them**selves**. (Not **themself**)

Du amüsierst dich, sie amüsieren sich. Das Reflexivpronomen muss auch im Plural stehen.

82 Stummer Buchstabe

Silent but deadly

Gnome is one of many words that has a silent **g**.

Aussprache NOUM, auf Englisch mit stummem g;
Gnom

83 Lost in translation

How would you translate the following sentence?

Wie würdest du den folgenden Satz übersetzen?

»Ich spende manchmal Geld für wohltätige
Zwecke.«

Did you get it right?

I sometimes **donate** money to charity. –
Not **spend** (ausgeben)!

84 Klingt deutsch

Sounds German

A **lake** is not a **sea**! – Lake Constance.

See vs. Meer; Bodensee

85 Grammatik-Tipp

Grammar tip

Most words that start with a consonant need the
indefinite article '**a**'.

Most words that start with a vowel (a, e, i, o, u)
need the indefinite '**an**' – but there are exceptions
(see 89).

an egg   **a** boiled egg
an orange   **a** blood orange

Der unbestimmte Artikel ›a‹ für Wörter, die mit
Konsonant beginnen, und ›an‹ für Wörter, die mit Vokal
beginnen, aber es gibt Ausnahmen! Siehe 89.

86 Stummer Buchstabe

Silent but deadly

plum**b**er, de**b**t and dou**b**t are three words featuring a silent **b**.

Aussprache PLA-ma, DET, DAUT; auf Englisch mit stummem b; Klempner, Schulden, Zweifel

87 Ein Wort, zwei Bedeutungen

One word – two meanings

So kannst du gut deinen Wortschatz erweitern!

She's painted her finger nails **yellow**!

He ran away! He's **yellow**!

Sie hat ihre Fingernägel gelb angemalt.

Er ist weggelaufen! Er ist feige.

88 Gleich geschrieben, andere Aussprache!

Same spelling – different sound

My lawyer is **Polish**.

Please can you **polish** my shoes?

Aussprache POU-lisch. Mein Anwalt ist Pole (polnisch).

Aussprache PO-lisch. Können Sie bitte meine Schuhe polieren?

89 Das wissen viele nicht …

Not many people know this …
Many words use the indefinite article 'a' *even if they start with a vowel*. It depends on how they are pronounced.

Viele Wörter brauchen den unbestimmten Artikel ›a‹ (nicht ›an‹), auch wenn sie mit einem Vokal beginnen. Es hängt von der Aussprache ab.

Words that begin with **e** or **u** but have a **y sound** (Deutsch j) need '**a**':

Europe (JU-rop)	**a** European
	an European
unit (JU-nit)	**a** unit
	an unit
united (ju-NAI-tid)	**a** United fan
	an United fan
university (ju-ni-VER-se-ti)	**a** university
	an university

Words that begin **o** but have a **w sound** need '**a**':

one (WAN)	**a** one-legged man
	an one-legged man
once (WANS)	**a** once in a lifetime experience
	an once in a lifetime experience

Words that begin with the letter **h** that is not pronounced need '**an**':

honest (O-nest)	He is **an** (h)onest man.
	It was **an** (h)onest mistake.
hour (AU-a)	We waited for over **an** (h)our.

90 Auf keinen Fall!

No!

We had **diner** at eight. – **No!**
We had **dinner** at eight.
Dinner is the thing (the meal). The **diner** is the person.

Mittag- oder Abendessen (Aussprache DI-na) vs. Gast im Restaurant (Aussprache DAI-na)

91 Seltsame Wörter

Wondrous words

Queue is the only word in the English language that still sounds the same if you remove the last four letters.

Aussprache KJUU; Warteschlange. Das einzige englische Wort, dass immer noch genauso klingt, wenn man die letzten vier Buchstaben streicht.

92 Gleiche Aussprache, andere Bedeutung

Sounds the same – different meaning

There is a terrible **draught** in here.
I wrote at least three **drafts** of the presentation.

Aussprache DRAAFT.
Hier zieht's ganz fürchterlich. (Durchzug)
Ich habe für die Präsentation bestimmt drei Entwürfe geschrieben.

93 Auf keinen Fall!

No!

I can speak **Italy**. – **No!**
I can speak **Italian**.

Italien vs. Italienisch

94 Kleiner Tipp

Don't mix up your countries and languages:

In **Spain** they speak **Spanish**.   Spanien, Spanisch

In **France** they speak **French**.   Frankreich, Französisch

In **Poland** they speak **Polish**.   Polen, Polnisch

And, don't forget, **countries and languages** are always spelt with **capital letters**.

Länder und Sprachen werden großgeschrieben.

95 Gleiche Aussprache, andere Bedeutung

Sounds the same – different meaning

I tried to **counsel** her, but she rejected my advice. The local **council** waste money on stupid projects.

Aussprache KAUN-sel. Ich habe versucht, ihr einen Rat zu geben, aber sie hat ihn zurückgewiesen.

Der Gemeinderat verschwendet Geld auf sinnlose Projekte.

96 Kleiner Tipp

You go to the dentist **all** three months? I think you mean **every** three months!

alle drei Monate zum Zahnarzt

97 Lost in translation

How would you translate the following sentence?

Wie würdest du den folgenden Satz übersetzen?

»Am Freitag war ich bei meiner Schwiegermutter.«
Did you get it right?

On Friday I was **at** my mother-in-law**'s**. – Not **by my mother-in-law**!

98 Vokabeltrainer

A little help with the right words!

A **volunteer** does **voluntary work**.

Freiwillige/r oder Ehrenamtliche/r und Freiwilligenarbeit

99 Nicht länger als nötig!

Don't say too much!

The week after next … not the week after **next week**!

übernächste Woche

100 Vokabeltrainer

A little help with the right words!

A game **starts**, a meeting **starts**, but a plane **takes off**.

anfangen (Spiel, Meeting, Besprechung) und starten (Flugzeug)

101 Grammatik-Tipp

Grammar tip

If you are **relaxed**, you can have a **relaxing** time.

Wenn du entspannt bist, hast du eine entspannende (umgangssprachlich: entspannte) Zeit. Partizip Perfekt (›relaxed‹, entspannt) und Partizip Präsens (›relaxing‹, entspannend), beide als Adjektiv verwendet.

102 Klingt doch richtig ...

It sounds like …

"Elektriker" in German, **electrician** in English.

Aussprache e-lek-TRI-schen

103 Ungewöhnliche Pluralformen

Interesting plurals

one **cactus** – two **cacti**

ein Kaktus   – zwei Kakteen

104 Britisches und amerikanisches Englisch

UK versus US

To keep a baby quiet you need to put a **dummy** in its mouth, in the USA you would give the baby a **pacifier**.

In Großbritannien gibt man dem Baby einen Schnuller, um es zu beruhigen, in den USA einen ›Beruhiger‹.

105 Grammatik-Tipp

Grammar tip

'**He don't**' does not exist.

But '**he doesn't**' does!

3. Person Singular immer mit s, ›do‹ wird zu ›does‹.

106 Aussprache-Tipp

Say it right

Knowledge sounds like …

NO-lidsch

107 Gleich geschrieben, andere Aussprache!

Same spelling – different sound

The young **dove** looked hungry.

He **dove** into the water.

Aussprache DAV. Die junge Taube sah hungrig aus.

Aussprache DOUV. Er tauchte ins Wasser.

108 Britisches und amerikanisches Englisch

UK versus US

Petrol turns into **gas** (**gasoline**) when it reaches the States.

Benzin

109 Eselsbrücke

Donkey bridges

S – V – O = subject – verb – object = **S**traßen-**V**erkehrs-**O**rdnung

Die Wortstellung im englischen Aussagesatz ist immer Subjekt – Verb – Objekt.

We play computer games.
I play football.

Wir spielen Computerspiele. Ich spiele Fußball.

110 Sammelnamen

Collective names

Sammelnamen haben keinen Plural!

a **brood** of chickens

Hühnergezücht

111 Synonyme

Synonyms – learning different ways of saying the same

Dasselbe anders sagen

She's **cute**.	süß
sweet	süß
nice	nett
pretty	hübsch
lovely	entzückend
adorable	hinreißend

112 Ungewöhnliche Pluralformen

Interesting plurals

one **crisis** – two **crises**

eine Krise   – zwei Krisen

113 Auf keinen Fall!

No!

For ten years **ago**? – **No!**

Ten years **ago** or **for** 10 years.

vor zehn Jahren oder 10 Jahre lang

simply wrong

114 Gleiche Aussprache, andere Bedeutung

Sounds the same – different meaning

We had to **queue** for a long time.

I need a new snooker **cue**.

Aussprache KJUU. Wir mussten lange anstehen.

Aussprache KJUU. Ich brauche einen neuen Snooker-Queue (Aussprache KÖÖ).

115 Sammelnamen

Collective names
Sammelnamen haben keinen Plural!
A **cache** of weapons
Aussprache KÄSCH; Waffenversteck

116 Britisches und amerikanisches Englisch

UK versus US
Maths in Britain loses its s in the States – **math**.
(Work that one out!)
›Mathe‹ schreibt man in Großbritannien mit s und in
den USA ohne. (Tja …)

117 Kleiner Tipp

Remember:
The **kitchen** is the place where you **cook**. The
cuisine/**food** is what you **eat**.
Küche, kochen, (Länder)Küche, essen

118 Gleich geschrieben, andere Aussprache!

*Same spelling –
different sound*
Lead is a metal.
A good president
knows how to **lead**.
Aussprache LED.
Blei ist ein Metall.
Aussprache LIED.
Ein guter Präsident
weiß zu führen.

119 Eselsbrücke

Donkey bridges

How do you know when something is countable (many) or uncountable (much)?

Woher weiß ich, ob etwas zählbar oder unzählbar ist?

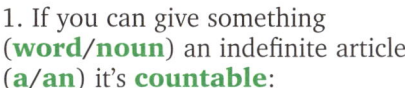

1. If you can give something (**word**/**noun**) an indefinite article (**a/an**) it's **countable**:

Das Wort (Substantiv) ist zählbar, wenn es einen unbestimmten Artikel tragen kann:

a cow (two cow**s**)
a banana (two banana**s**)

an apple (two apple**s**)
an igloo (two igloo**s**)

2. You cannot do that with uncountable nouns:

Mit den unzählbaren Substantiven funktioniert das nicht:

a weather   **a traffic**

120 Aussprache-Tipp

Some nouns and verbs look the same, but are pronounced differently. This is all to do with how you stress the syllables.

noun   *verb*

CONtest	con**TEST**	Wettkampf – kämpfen
DEcrease	de**CREASE**	Rückgang – zurückgehen
INsult	in**SULT**	Beleidigung – beleidigen
PREsent	pre**SENT**	Geschenk – überreichen
REject	re**JECT**	Ausschuss – zurückweisen

Je nach Betonung ist das Wort ein Substantiv oder das dazugehörige Verb.

121 Synonyme

Synonyms – learning different ways of saying the same

Dasselbe anders sagen

That man is so **poor**.   arm

impoverished   verarmt
penniless   mittellos
needy   bedürftig
poverty-stricken   von Armut geplagt
skint   pleite
broke   pleite, bankrott

122 Britisches und amerikanisches Englisch

UK versus US

If you need medicine in the UK, you go the **chemist's**.

In the USA you would go to a **pharmacy** or **drugstore**.

Medikamente kauft man bei uns in der Apotheke.

123 Lost in translation

How would you translate the following sentence?

Wie würdest du den folgenden Satz übersetzen?

»Erinnere mich daran, diese Geburtstagskarte zu schicken.«

Did you work it out?

Remind me to send that birthday card. – Not **remember me**!

›Remember me!‹ heißt: »Vergiss mich nicht!«

124 Synonyme

Synonyms – learning different ways of saying the same

Dasselbe anders sagen

thin – fat
dünn – dick

skinny – plump
mager – pummelig

slight – overweight
schmächtig – übergewichtig

lean – podgy
schlank – mollig

underweight – chunky
untergewichtig – untersetzt

125 Eselsbrücke

Donkey bridges

There is a person in "**their**".

Im Possessivpronomen »their« steckt immer eine Person, es hat mit Personen zu tun: their house – ihr Haus (2. Pers. Pl.)

126 Die Rechtschreibbiene

Spelling bee

Remember – the letter **e** is featured twice in the word d**e**finit**e**ly.

Aussprache DE-fe-net-li, definitiv; auf Englisch mit zwei e, nicht drei

127 Eselsbrücke

Donkey bridges

Two letters that often get mixed up are **V** and **W**. So maybe this will help.

V und W werden oft verwechselt. Vielleicht hilft diese Eselsbrücke.

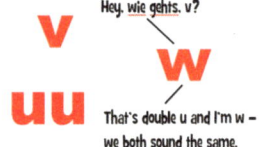

V sounds exactly like the '**wie**' in 'wie geht's?'
W sounds exactly like **double u**.

128 Aussprache-Übung
Pronunciation practice

almond	**chalk**	**salmon**
AR-mend	TSCHOAK	SA-men
Mandel	Kreide, Kalk	Lachs

129 Ungewöhnliche Pluralformen
Interesting plurals

one **aircraft** – two **aircraft**

ein Flugzeug – zwei Flugzeuge

130 Ein bisschen was Nützliches
Learning a few abbreviations (Abkürzungen) *might come in useful …*

POW (prisoner of war) Kriegsgefangener

OAP (old-aged pensioner) Rentner/in

PTO (please turn over) Bitte wenden!

NHS (National Health Service) gesetzliche Krankenkasse

CID (Criminal Investigation Department) Kriminalpolizei

131 Vokabeltrainer

A little help with the right words!
Look for something, but **look after** someone.
suchen, sich um jemanden kümmern

132 Sammelnamen

Collective names
Sammelnamen haben keinen Plural!
A **pod** of dolphins
Delfinschule

133 Vokabeltrainer

Don't mix up 'convenient' and 'comfortable'.
Having shops nearby is **convenient**.
Having soft cushions on your sofa is
comfortable.
Einkaufsmöglichkeiten in der Nähe sind praktisch
(bequem), weiche Kissen auf dem Sofa sind bequem.

134 Gleiche Aussprache, andere Bedeutung

Sounds the same – different meaning
I usually have **cereal** for breakfast.
'EastEnders' is a great **serial** on TV.
Aussprache SIE-riel.
Zum Frühstück gibt's Zerealien (Cornflakes, Müsli …).
»EastEnders« ist eine Fernsehserie.

135 Britisches und amerikanisches Englisch

UK versus US

Americans walk along the **sidewalk**.
In Britain we walk on the **pavement**.

Bürgersteig

136 Vokabeltrainer

What's the difference between a recipe and a prescription?

You use a **recipe** to cook a dish.

You get a **prescription** from your doctor for medication.

Rezept zum Kochen, Rezept vom Arzt

137 Kleiner Tipp

It's '**same as**' not '**same like**'.

dasselbe wie

138 Auf keinen Fall!

No!

A **five-stars** hotel? – **No!**
A **five-star** hotel.
Five stars is a plural –
My hotel had **five stars**.
Five-star is an adjective
(it is describing the hotel).

Fünf-Sterne-Hotel

139 Kleiner Tipp

By yourself or **on** your own, not **by your own**.

alleine

140 Lost in translation

How would you translate the following sentence?
Wie würdest du den folgenden Satz übersetzen?
»Ich arbeite hier seit 20 Jahren.«
Did you get it right?
I have worked here **for** 20 years. – Not **since**!
›for‹ für Zeitraum, ›since‹ für Zeitpunkt

141 Aussprache-Tipp

Say it right
Purchase is pronounced …
PÖR-tschis; kaufen

142 Britisches und amerikanisches Englisch

UK versus US
When you are on the **ground floor** in Britain,
for some reason you are on the **first floor**
in America.
Erdgeschoss

143 Klingt deutsch

Sounds German
Lager in English is actually a type of beer.
›lager‹ ist ein helles leichtes Bier. Lager heißt
›warehouse‹.

144 Klingt doch richtig …

It sounds like …
You think he's a **sympathetic**
guy?
You might be right, but I think
he's a **nice** guy.
mitfühlend vs. sympathisch

145 Synonyme

Synonyms – learning different ways of saying the same

Dasselbe anders sagen

Those are beautiful **children**.   Kinder

kids	Kinder
offspring	Sprösslinge
whippersnappers	Jungspunde
sprogs	Kinder
ankle-biters	Dreikäsehochs
youngsters	Jugendliche
youth	Jugend
juveniles	Jugendliche
adolescents	Jugendliche
minors	Minderjährige
nippers	Kleinkinder

146 Britisches und amerikanisches Englisch

UK versus US

Although the word **soccer** originated in the UK, most people call it **football**.

Das engl. Wort für Fußball ist ›soccer‹, aber jetzt nennen es auch dort fast alle ›football‹.

147 Stummer Buchstabe

Silent but deadly

sa**l**mon, pa**l**m and a**l**mond
all feature a silent **l**.

Aussprache SA-mon, PAAM,
AR-mond; Lachs, Palme und
Handfläche, Mandel auf
Englisch mit stummem l.

148 Aussprache-Tipp

Say it right

That wonderful place to drink beer and eat nice
food is called a **brewery**. It's pronounced …

BRU-e-rie; Brauhaus

149 Ein Wort, zwei Bedeutungen

One word – two meanings

So kannst du gut deinen Wortschatz erweitern!

I would love to travel in **space**.

There is no **space** to park here.

Ich würde gern mal in den Weltraum fliegen.
Hier ist kein Platz zum Parken.

150 Seltsame Wörter
Wondrous words
MOW, **SIS** and **SWIMS** all read the same upside down.

Mähen, Schwester, schwimmt. Stell sie auf den Kopf und es ändert sich – nichts!

151 Britisches und amerikanisches Englisch
UK versus US
Leaves fall from the trees in **autumn** in Britain.
It America they have to wait for the **fall**.

Herbst

152 Aussprache-Tipp
Say it right
The second month – **February** – is the hardest one to pronounce.

Aussprache FE-bru-a-rie

153 Sammelnamen
Collective names
Sammelnamen haben keinen Plural!

a **caravan** of camels

Kamelkarawane

154 Vokabeltrainer

Don't mix it up mayor and major!

He's the **mayor** of the town.
He's a **major** in the army.

Bürgermeister

Major

155 Gleiche Aussprache, andere Bedeutung

Sounds the same – different meaning
The **brakes** on my car don't work.
We get two **breaks** every day.
Aussprache BREIKS.
Die Bremsen an meinem Auto sind kaputt.
Wir haben zweimal am Tag Pause.

156 Die Rechtschreibbiene

Spelling bee
There is no **e** in the word **truly**.
(**true**/**truly**)
Das Adverb von ›true‹ hat kein e (truly).

157 Vokabeltrainer

A little help with the right words!
If you are watching a film in a foreign language,
you might have to read the **subtitles**, not the
undertitles.
Untertitel

158 Britisches und amerikanisches Englisch

UK versus US

Most people in the UK won't know what you mean if you talk about a **diaper**. It's known as a **nappy**.

Die meisten Briten würden ›diaper‹ für Windel nicht verstehen, sie benutzen ›nappy‹.

159 Aussprache-Übung

Pronunciation practice

toupee	**licorice**	**bouquet**
TUU-pei	LI-ke-ris	bu-KEI
Toupet	Lakritz	Blumenstrauß

160 Synonyme

Synonyms – learning different ways of saying the same

Dasselbe anders sagen

That man is so **posh**.   piekfein
chic   schick
well-to-do   wohlhabend
snobbish   hochnäsig
ostentatious   prahlerisch
swanky   mondän, angeberisch, protzig
upper-class   vornehm

161 Kleiner Tipp

Remember:

You have **too much** to do (**uncountable**), but **too many things** to do (**countable**).

zu viel zu tun und zu viele Dinge zu tun. ›much‹, viel, unzählbar – ›many‹, viele, zählbar

162 Auf keinen Fall!

No!

We will **discuss about** the problem soon. – **No, you won't!** You will '**discuss** the problem' or '**talk about** the problem' soon.

ein Problem diskutieren oder über ein Problem reden

163 Synonyme

Synonyms – learning different ways of saying the same

Dasselbe anders sagen

His jokes are so **corny**.   blöde

banal	banal
cheesy	billig, geschmacklos
inane	albern
trite	abgedroschen

164 Lost in translation

How would you translate the following sentence?
Wie würdest du den folgenden Satz übersetzen?
»Ich drücke dir die Daumen!«
Did you get it right?
Fingers **crossed**! – Not **pressed**!

165 Eselsbrücke

Donkey bridges

people – place – time = Person vor Ort vor Zeit
Im engl. Aussagesatz steht immer zuerst
die Person, dann der Ort, dann die Zeit.
Die folgenden Sätze kann man sich gut
merken.

Mike went to **Manchester on
Monday**.
Sue went to **Spain last summer**.

166 Kleiner Tipp

Remember:
If your **health** is good, you're **healthy**.
Gesundheit, gesund

167 Lost in translation

*How would you translate
the following sentence?*
Wie würdest du den
folgenden Satz übersetzen?
»Ich habe eine Karte für
das Konzert.«
Did you get it right?
I have a **ticket** for the
concert. – Not **card**!

168 Britisches und amerikanisches Englisch

UK versus US

Chips with everything for the Brits! **Fries** or **French fries** with their burgers for the Americans.

›Chips‹ für die Briten, ›fries‹ oder ›French fries‹ für die Amis! In Deutschland Pommes oder Fritten.

169 Britisches und amerikanisches Englisch

UK versus US

To be pissed in Britain means you are quite drunk. **To be pissed** in America means you are quite angry.

ziemlich betrunken, ziemlich wütend

170 Kleiner Tipp

If you order a drink in a bar, quite often you need to use the word 'and' …

gin and tonic   not **gin tonic**
whisky and soda   not **whisky soda**

Manche Drinks haben im Deutschen kein »und«, auf Englisch aber schon.

171 Stummer Buchstabe

Silent but deadly

clim**b**, thum**b** and bom**b** are just three words ending with a silent **b**.

Aussprache KLAIM, THAM, BOM; klettern, Daumen, Bombe auf Englisch mit stummem b

172 Kleiner Tipp

'In former times' is an expression often used by students, but we don't say that. We say 'used to' …
I **used to** live in Frankfurt.
Not: **In former times** I lived in Frankfurt
I **used to** do weightlifting.

Not: **In former times** I weightlifted.
Auf Englisch benutzt man für »früher« die Umschreibung ›used to‹.

173 Grammatik-Tip

Grammar tip
If you are not very friendly, you could be **impolite** – not **un**polite!
unhöflich

174 Auf keinen Fall!

No!

simply wrong

Do you have any **hobbys**? – **No!**
Do you have any **hobbies**?
Maybe yes.
Remember to change the -y ending
to -ies if the y follows a consonant.
fami**ly** – fami**lies**

ba**by** – bab**ies**
BUT: t**oy** – to**ys**, tr**ay** – tra**ys**
-y wird im Plural zu -ies nach
Konsonant, nach Vokal nicht!

175 Vokabeltrainer

A little help with the right words!
Someone who talks a lot is **talkative**.
(Also known as a **chatterbox**!)
redselig, schwatzhaft, Labertasche

176 Britisches und amerikanisches Englisch

UK versus US
For some unknown reason a **driving license**
in the USA is referred to as a **driver's license**.
Führerschein

177 Ein bisschen was Nützliches

Something useful

Two interesting suffixes in English are **pre-** (before) and **post-** (after).

pre-war	**post**-war	Vorkriegs-, Nachkriegs-
pre-colonial	**post**-colonial	prä- oder postkolonial
prenatal	**post**natal	pränatal, postnatal

›pre-‹ für prä- oder vor-, ›post-‹ für post- oder nach-

178 Eselsbrücke

Donkey bridges

When do I use **if** and when do I use **when**?

Wann benutze ich ›if‹ und wann benutze ich ›when‹?

1. When + past

When can almost always be used for **the past**.

›When‹ kann fast immer für die Vergangenheit benutzt werden.

When I was young I was good at football.
When I was at school I was really lazy.

Als ich jung war, konnte ich gut Fußball spielen.
Als ich in die Schule ging, war ich wirklich faul.

2. If + ?

If is mostly used if there is **some doubt** about something happening in the future.

›If‹ benutzt man oft, wenn es noch Zweifel darüber gibt, was in der Zukunft geschieht.

If it rains, we will stay at home tomorrow.
If we don't see each other, I will give you a call.

Wenn/Falls es regnet, bleiben wir morgen zu Hause.
Wenn/Falls wir uns nicht mehr sehen, rufe ich dich an.

179 Ein Wort, zwei Bedeutungen

One word – two meanings

So kannst du gut deinen Wortschatz erweitern!

Could you bring me a loaf of **bread** from the bakery?

I'm broke. Can you lend me some **bread**?

Kannst du mir vom Bäcker einen Laib Brot mitbringen?
Ich bin pleite. Kannst du mir was leihen? (ein bisschen Kohle)

180 Auf keinen Fall!

No!

Do you go somewhere **by foot**? –
No!

You go somewhere **on foot**.

BUT: **by** bus, **by** car, **by** plane, **by** bike

zu Fuß, mit dem Bus, mit dem Flugzeug, mit dem Fahrrad

181 Kleiner Tipp

Watch where you put your apostrophe.

25 **CDs** – not 25 **CD's**

Auch auf Deutsch ist das Apostroph hier falsch.
CD – CDs

182 Gleiche Aussprache, andere Bedeutung

Sounds the same – different meaning

An **altar** is part of a church.

Can you **alter** the clock, it's slow.

Aussprache OOL-ta. In jeder Kirche steht ein Altar.
Kannst du die Uhr stellen, sie geht nach.
(›alter‹ = ändern)

183 Ein bisschen was Nützliches

Don't mix up 'effect' (noun) and 'affect' (verb).

Did the coronavirus have a big **effect** on your business?

How did the virus **affect** your business?

Wirkung, Auswirkung vs. (sich) auswirken

184 Vokabeltrainer

What's the difference between a rebate and a discount?

If you get a **rebate**, you get money back. (A tax rebate, for example.)

If you get a **discount**, you pay less.

Rückzahlung (Aussprache RIE-beit) vs. Rabatt. Achtung vor falschen Freunden!

185 Auf keinen Fall!

No!

Who's wife is that? – **No!**

Whose wife is that?

'whose' is used for things that belong together: **Whose** handbag is that?

'who's' is the short form of 'who is': **Who is** taking you to the airport?

Wessen Handtasche ist das? Wer bringt dich zum Flughafen?

186 Ungewöhnliche Pluralformen

Interesting plurals

one **sheep** – two **sheep** (not **sheeps**)

ein Schaf – zwei Schafe

187 Immer diese Präpositionen ...

Prepositions, prepositions

Throw something **to** someone if you want them to catch it.

Throw something **at** someone if you are angry with them.

jmd. etwas zuwerfen und jmd. etwas vorwerfen

188 Ein bisschen was Nützliches

*Describe an adjective with an adverb (**-ly**)!*

Fast? How fast? Terrib**ly** fast.

Cold? How cold? Extreme**ly** cold.

Expensive? How expensive? Real**ly** expensive.

furchtbar schnell, extrem kalt, wirklich teuer

189 Vokabeltrainer

A little help with the right words!

You sleep in **the bedroom**. – Not **the sleeping room**.

Schlafzimmer

190 Grammatik-Tipp

During or while?

during + noun – I fell asleep **during the play**.

while + verb – I fell asleep **while I was watching** the film.

Ich bin während des Stücks eingeschlafen oder während ich den Film gesehen habe.

191 Auf keinen Fall!

simply wrong

No!
What are you doing tonight?
I **will go** to the cinema. – **No!**
'I **am going** to the cinema.'
Use is/are/am + -ing for future, fixed plans:
'Where **are** you **going** on holiday?'
'I **am going** to Spain.'
'What **are** you **doing** at the weekend?'
'I **am visiting** my brother in Munich.'

Für feste Zukunftspläne immer is/are/am + ing-Form benutzen.

192 Kleiner Tipp

If you have a problem, it's sometimes a good idea **to sleep on** it. (Not **sleep over** it.)

darüber schlafen

193 Ein bisschen was Nützliches

*Don't use **the** when you talk about airports.*
We flew from **Düsseldorf Airport**.
Heathrow Airport is huge.

Flughäfen ohne bestimmten Artikel

194 Kleiner Tipp

*Don't use **the** for parks.*
Have you ever been to **Central Park**?
Did you go to the parade in **Hyde Park**?

Parks ohne bestimmten Artikel

195 Grammatik-Tipp

Sometimes the third form of the verb is used as an adjective.
My leg is **broken**, the letter is **written**.
If you want to describe these words, remember to use an adverb:
My leg is **badly broken**.
The letter is **well-written**.
You are **badly mistaken**.

Manchmal wird das Partizip Perfekt als Adjektiv verwendet. Wenn man das dann näher beschreiben will, muss man ein Adverb verwenden.

196 Seltsame Wörter

Wondrous words
The words **behaviour**, **favourite** and **cauliflower** contain all five vowels. (a, e, i, o, u)

Verhalten, Lieblings…, Blumenkohl. In diesen drei Wörtern sind jeweils alle fünf Vokale enthalten.

197 Nicht länger als nötig!

Don't say too much!

Most of not **the most of**

Most of my friends are married.

Most of the time I stay at home.

Nur auf Deutsch mit Artikel. Die meisten meiner Freunde sind verheiratet. Die meiste Zeit bleibe ich zuhause.

198 Immer diese Präpositionen …

Remember: stay with someone, but stay at someone's home.

I am **staying with** my parents until I find a new place.

I'm **staying at** Phil's place while my flat is being redecorated.

Ich wohne bei meinen Eltern, bis ich eine neue Wohnung gefunden habe.

Ich übernachte bei Phil, während meine Wohnung renoviert wird.

199 Aussprache-Tipp

Did you know that the word **sword** is pronounced …

SOOD; Schwert

200 Noch ein Aussprache-Tipp

Leopard has a silent o in English, and is pronounced …

LE-ped

201 Und noch ein Aussprache-Tipp

Lawnmower is a really difficult word to pronounce. Try saying …

LOOAN-mou-er; Rasenmäher

202 Britisches und amerikanisches Englisch

UK versus US

Most people in the world are familiar with **muffins**. But if you ordered muffins in Britain you would be given a type of bread.

Alle Welt kennt Muffins, aber wenn man in England einen ›muffin‹ bestellt, bekommt man ein flaches Milchbrötchen, das meist getoastet gegessen wird.

203 Immer diese Präpositionen …

Prepositions, prepositions

React to something/someone/ a situation not **react on** someone/something.

How did Ron **react to** the bad news?

Wie hat Ron auf die schlechte Nachricht reagiert?

204 Eselsbrücke

Donkey bridges

One of the most difficult words to pronounce in English is **yacht**.

›Yacht‹ auf Englisch ist super schwer auszusprechen.

Hallo, ich bin J und das ist eine J (Yacht)

But it is easy! Just say the letter **J** in German – and it's the same.

Aber es ist doch ganz einfach, ›yacht‹ klingt wie der Buchstabe J auf Deutsch, also Aussprache JOT.

205 Kleiner Tipp

In a hotel you have **air conditioning**, not **air condition**.

Klimaanlage

206 Immer diese Präpositionen …

Prepositions, prepositions

Don't forget **to** when you talk about **listening** …
I always **listen to** the radio on the way to work.
Are you **listening to** me?

›listen‹ auf Englisch immer mit ›to‹.
Ich höre auf dem Weg zur Arbeit immer Radio.
Hörst du mir zu?

207 Kleiner Tipp

Don't mix up ›appointment‹ and ›date‹.

An **appointment** is an official kind of thing. You can have an appointment with your doctor, dentist or bank manager.

A **date** is a more personal thing. You can have a date with your boyfriend or girlfriend.

Termin (mit dem Arzt, Zahnarzt, Bankangestellten) vs. Verabredung (mit der Freundin oder dem Freund)

208 Stummer Buchstabe

Silent but deadly

The words **p**neumonia, **p**sychiatrist and **p**neumatic all start with a silent **p**.

Aussprache nju-MOU-nia, sai-KAIE-trist, nju-MA-tik; Lungenentzündung, Psychiater und pneumatisch auf Englisch mit stummem p

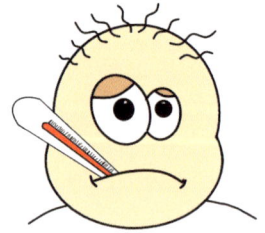

209 **Auf keinen Fall!**

No!

Last week we went to a wine-tasting. We **have** never **been** to one before. – **No!**

Last week we went to a wine-tasting. We **had** never **been** to one before.

This sentence is a perfect example of the past perfect.
Perfektes Beispiel für die Vorvergangenheit (Plusquamperfekt). Auf Deutsch kann man sagen: »Letzte Woche waren wir auf einer Weinprobe. Wir sind vorher nie auf einer gewesen.« Auch wenn ›waren gewesen‹ korrekt wäre. Auf Englisch muss man die korrekte Zeitform verwenden.

`past`

When he got home from school, someone **had stolen** his bike.

`before that`

`past`

When I got to the office this morning, Bill **had made** the tea.

`before that`

210 Auf keinen Fall!

No!
A friend of **you**? – **No!**
A friend of **yours**, **ours**, **theirs**, **his**, **hers**, **mine**.
A brother of **mine**.
Ein Freund von dir, uns, ihnen, ihm, ihr, mir.

211 Synonyme

Synonyms – learning different ways of saying the same
Dasselbe anders sagen
That pig is really **angry**.   wütend

furious	erbost
livid	fuchsteufelswild
infuriated	aufgebracht
fuming	tobend
enraged	erzürnt

212 Aussprache-Tipp

Say it right
Purpose is pronounced …
PÖR-pes; Grund, Zweck

213 Das gibt es doch gar nicht!

Non-existent nonsense!

Did you know that **informations** is not a word? It does not exist!

Information is uncountable, it does not need an s. You can have **information**, **lots of information** or many **pieces of information**. (In this case, the **pieces are countable** and countables need an s.)

Informationen stehen im Englischen immer im Singular und sind unzählbar!

214 Aussprache-Übung

Pronunciation practice

prejudice	**occur**	**bureaucracy**
PRE-dsche-dis	o-KÖR	bju-RO-kra-si
Vorurteil	vorkommen	Bürokratie

215 Aussprache-Tipp

There are some great places in Britain that sound nothing like how they appear on the page.

Gloucester – GLOS-ta   Slough – SLAU

Leicester – LES-ta   Yorkshire – JORK-scha

Leominster – LEM-sta   Norwich – NO-ritsch

216 Kleiner Tipp

Remember: words like **advices** and **traffics** do not exist. These words are all uncountable and do not have articles or an s at the end.

I need **some advice**.

There is **a lot of traffic** on the road.

Rat/Ratschlag und Verkehr. Auf Englisch unzählbar und immer im Singular.

217 Grammatik-Tipp

When to use 'some'? When to use 'any'?

In general, **some** is used in **positive** sentences:

I got **some** nice presents for my birthday.

This job is going to take **some** time.

›Some‹ für positive Sätze: Ich habe ein paar schöne Geschenke zum Geburtstag bekommen. Diese Aufgabe wird einige Zeit in Anspruch nehmen.

In general, **any** is used in **negative** sentences and **questions**:

I didn't get **any** Christmas cards this year.

I couldn't find **any** biscuits.

›Any‹ für negative Sätze und Fragen: Ich habe dieses Jahr keine Weihnachtskarten bekommen. Ich konnte keine Kekse finden.

But, **be careful**: In fact, the use of some/any is a little more complicated. Here are two common occasions when the above 'rules' are 'broken':

1. We can use **some** in questions when offering/requesting:

Would you like **some** more tea? – Möchten Sie noch etwas Tee?

Could I have **some** more milk, please? – Kann ich noch etwas Milch haben, bitte?

2. We use **any** in positive sentences when we mean it doesn't matter much:

You can come back **any**time. –
Du kannst jederzeit zurückkommen.

You can sit **any**where. –
Setzen Sie sich irgendwo hin.

Ausnahmen: ›Some‹ bei Fragen, wenn man etwas anbietet oder erbittet. ›Any‹ in positiven Sätzen, wenn etwas egal ist.

218 Britisches und amerikanisches Englisch

UK versus US

The **bonnet** of a car is called the **hood** in the States. Which is confusing for Brits because a **hood** is something you put on your head.

Zwei Wörter für dasselbe Autoteil, aber für die Briten verwirrend! Motorhaube vs. Kapuze

219 Aussprache-Tipp

Say it right

The capital city of Scotland is **Edinburgh**. But do you know how to say it properly?

Aussprache E-din-bra

220 Lost in translation

How would you translate the following sentence?

Wie würdest du den folgenden Satz übersetzen?

»Das Leben ist hart.«

Did you get it right?

Life is hard. – Not **the life**!

221 Ein bisschen was Nützliches

A few holiday abbreviations (Abkürzungen) *might come in handy …*

B&B (bed and breakfast)	Übernachtung mit Frühstück
no. (number)	Nummer
lbs. (pounds)	Pfunde (Gewicht)
the AA (Automobile Association)	Britischer ADAC
PO (post office)	Postamt

222 Klingt deutsch

Sounds German

German "Mist!" in Britain is actually **fog**.

»Mist!« heißt ›Bugger!‹, Pferde- oder Kuhmist ist ›menure‹ und ›mist‹ ist Nebel.

223 Lost in translation

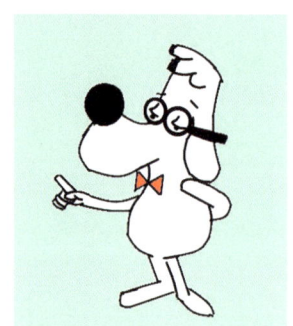

How would you translate the following sentence?

Wie würdest du den folgenden Satz übersetzen?

»Nimm das nicht ernst.«

Did you work it out?

Don't take it **seriously**. – Not **serious**!

224 Gleiche Aussprache, andere Bedeutung

Sounds the same – different meaning

I sometimes talk **aloud**.

You are not **allowed** to smoke in this building.

Aussprache e-LOUD.

Ich rede manchmal laut vor mich hin.

Rauchen ist in diesem Gebäude nicht gestattet.

225 Ungewöhnliche Pluralformen

Interesting plurals

one **goose** – two **geese**

eine Gans – zwei Gänse

226 Kleiner Tipp

Don't mix it up quite and quiet!
It's **quite** cloudy today.

It's very **quiet** in here.

Es ist heute ziemlich bewölkt. Aussprache KWAIT
Es ist sehr ruhig hier drin. Aussprache KWAI-et

227 Vokabeltrainer

A little help with the right words!
Boxes, walls and houses have **sides**, but books
and newspapers/magazines have **pages**.

Seite (bei Schachteln, Wänden, Häusern) vs. Seite (bei
Büchern, Zeitungen, Zeitschriften)

228 Synonyme

*Synonyms – learning different
ways of saying the same*
Dasselbe anders sagen

This guy is really **happy**.   glücklich
ecstatic   verzückt
over the moon   selig, überglücklich
gleeful   fröhlich
cheerful   heiter
jubilant   freudestrahlend

229 **Auf keinen Fall!**

No!
I need **a new jeans**. – **No!**
I need **new jeans**.
Things that have two parts are classed as plural and do not need 'a/an'.
I have bought new **glasses**.
He is wearing **shorts**.

Dinge, die aus zwei Teilen bestehen, werden als Plural angesehen und brauchen keinen unbestimmten Artikel.

230 **Auf keinen Fall!**

No!
Phil and Susie have **splitted**. – **No!**
Phil and Susie have **split**.
Die drei Formen des unregelmäßigen Verbs lauten ›to split, split, split‹ (sich trennen).

231 Kleiner Tipp

'Decide to do' something or 'decide on' something
We **decided to decorate** the kitchen.
We **decided on** a blue colour scheme.
Wir haben beschlossen, die Küche zu renovieren.
Wir haben uns für Blau als Grundfarbe entschieden.

232 Eselsbrücke

Donkey bridges
If it's a **k** in German, it's usually a **c** in English.
K wird zu C (normalerweise).
Krokodil   **crocodile**

defekt   **defect**
Katze   **cat**
Projekt   **project**

233 Aussprache-Übung

Pronunciation practice

rough   clothes   catastrophic
RAF   KLOUTHS   ka-tes-TRO-fik
grob, rau   Klamotten   katastrophal

234 **Auf keinen Fall!**

No!

I **teached**, I **catched**, I **drived**? – **No, you didn't!**

Learn your irregular verbs (simple past forms)!

I **taught** yesterday.

She **caught** the ball and **threw** it back to me.

We **drove** to Spain last year.

Gestern habe ich unterrichtet.

Sie hat den Ball gefangen und zu mir zurückgeworfen.

Letztes Jahr sind wir nach Spanien gefahren.

235 **Ein Wort, zwei Bedeutungen**

One word – two meanings

So kannst du gut deinen Wortschatz erweitern!

When I was a **kid** I wanted to be a policeman.

Are you **kidding** me?

Als Kind wollte ich Polizist werden.

Willst du mich verscheißern?

236 **Sammelnamen**

Collective names

Sammelnamen haben keinen Plural!

a **swarm** of bees

Bienenschwarm

237 Synonyme

Synonyms – learning different ways of saying the same

Dasselbe anders sagen

He's a very **rich** man.   reich

affluent	zahlungsstark
loaded	stinkreich
prosperous	wohlhabend, florierend
wealthy	vermögend
moneyed	begütert

238 Gleich geschrieben, andere Aussprache!

Same spelling – different sound

Try not to **tear** the paper.

Don't shed a **tear** for him.

Aussprache TÄR. Versuche, das Papier nicht zu zerreißen.

Aussprache TIER. Weine ihm keine Träne nach.

239 Kleiner Tipp

Don't mix up 'poor' and 'pour'!

South Africa is a very **poor** country.

Shall I **pour** the wine?

Südafrika ist ein sehr armes Land.

Soll ich den Wein eingießen?

Aussprache PUUA für beide

240 Auf keinen Fall!

No!

He drink every day Beer. –
A five-word sentence that contains
three mistakes!

1. He drink**s**.

2. **beer** – not spelt with a
capital letter.

3. **every day** – the time should go
at the beginning or the end of the
sentence.

He drinks beer every day.

Dritte Person Singular mit -s,
Substantive klein schreiben,
Zeitangaben an den Anfang oder ans
Ende des Satzes!

241 Britisches und amerikanisches Englisch

UK versus US

Just to confuse us Brits, **crisps** are called **chips**
in America.

Genau wie in Deutschland, und das alles nur, um die
Briten zu verwirren … und die Deutschen, wenn sie in
England Chips kaufen wollen.

242 Aussprache-Tipp

Say it right

That cute little bird called a
penguin is pronounced …

PENG-guin; dieser süße, kleine
Vogel Pinguin

243 Auf keinen Fall!

No!
What time is it?
It's six o'clock **am**. – **No!**
It's one or the other:
'It's **six o'clock**' or 'It's **six am**.'

Entweder oder, aber nicht ›o'clock‹
und ›am‹ in einem Satz; ›am‹ steht für *ante meridiem*,
also vor 12 Uhr mittags, ›pm‹ steht für *post meridiem*,
also nach 12 Uhr mittags.

244 Synonyme

Synonyms –
learning different ways
of saying the same
Dasselbe anders sagen

He looks really **depressed**.   traurig
despondent   mutlos
down   bedrückt
fed up   satt, bedient
glum   verdrossen
dejected   deprimiert
in low spirits   sorgenvoll
downcast   niedergeschlagen
›mugshot‹ = Fahndungsfoto

245 Ein Wort, zwei Bedeutungen

One word – two meanings

So kannst du gut deinen Wortschatz erweitern!

The players stood for a **minute's** silence before the game.

That dwarf is **minute**.

Aussprache MI-net. Vor dem Anpfiff legten die Spieler eine Schweigeminute ein.

Aussprache mai-NJUUT. Der Zwerg ist winzig.

246 Vokabeltrainer

A little help with the right words!

What's the difference between **borrow** and **lend**?

If you **borrow** something – i.e. money – it comes towards you.

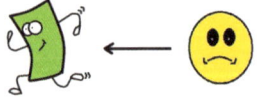

If you **lend** someone something –
it goes away from you.

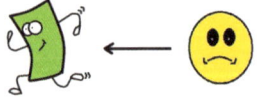

sich etwas borgen vs. etwas verborgen; ›borrow‹ mit o wie ›home‹, nach Hause, zu mir

247 Gleiche Aussprache, andere Bedeutung

Sounds the same – different meaning

My son loves a good fairy **story** at bedtime.
My flat is on the fifth **storey**.

Aussprache STOO-ri. Mein Sohn hört zum Einschlafen
gerne Märchen. (›story‹ = Geschichte)
Meine Wohnung liegt im fünften Stock.

248 Das gibt es doch gar nicht!

Non-existent nonsense!

Did you know that **furnitures** is not a word?
Furniture is, and it's uncountable. How many
pieces of furniture do you have in your living
room?

Möbel im Englischen immer im Singular und unzählbar

249 Aussprache-Übung

Pronunciation practice

oven   **comb**   **chaos**

O-ven   KUUM   KEI-os

Ofen   Kamm   Chaos

250 Die Rechtschreibbiene

Spelling bee

February has got two **r**'s.
Februar auch im Englischen mit zwei r

251 Nicht länger als nötig!

Don't say too much!

My brother lives **in the near of** Cologne.
My brother lives **near** cologne.

in der Nähe von, auf Englisch reicht »nahe«

252 Ähnlich, aber anders

Similar but different

He talks to himself, he's rather **bizarre**.

Er führt Selbstgespräche, er ist ziemlich seltsam.

Did you visit the **bazaar** when you were in Istanbul?

Hast du dir den Basar angeschaut, als du in Istanbul warst?

253 Grammatik-Tipp

Grammar tip

The verbs **burn**, **dream**, **learn** and **smell** are both regular and irregular and have two past tense forms.

burn	**burned**	**burnt**
dream	**dreamed**	**dreamt**
learn	**learned**	**learnt**
smell	**smelled**	**smelt**

Brennen, träumen, lernen und riechen sind auf Englisch gleichzeitig regelmäßig und unregelmäßig. Sie haben zwei Formen für Past Tense.

254 Seltsame Wörter

Wondrous words

The word **widow** is the only female form of a word which is shorter than the male equivalent.

Nur bei diesem einen Wort (Witwe) ist die weibliche Form kürzer als die männliche.

widower – widow	Witwer – Witwe
prince – princess	Prinz – Prinzessin
waiter – waitress	Kellner – Kellnerin
actor – actress	Schauspieler – Schauspielerin
count – countess	Graf – Gräfin
steward – stewardess	Steward – Stewardess

255 Grammatik-Tipp

Grammar tip
Remember: The past tense of 'must' is 'had to'.
I **must** go to the doctor.
I **had to** go to the doctor **yesterday**.

Die Vergangenheit (Past Tense) von ›must‹ (müssen)
ist ›had to‹.

256 Gleich geschrieben, andere Aussprache!

Same spelling – different sound
She put **bows** in her hair.

The conductor took a **bow** at the end.

Aussprache BOUS. Sie machte sich Schleifen ins Haar.
Aussprache BAU. Am Ende verbeugte sich der Dirigent
(Verbeugung).

257 Britisches und amerikanisches Englisch

UK versus US
Why a **postcode** is called a **zipcode** in the USA
is anyone's guess?

Weiß jemand, warum Postleitzahl in den USA ›zipcode‹
heißt?

258 Sammelnamen

Collective names

Sammelnamen haben keinen Plural!

An **army** of ants

Ameisenheer

259 Grammatik-Tipp

Grammar tip

Remember: The past tense of 'can/can't' is 'could/couldn't'.

They **can't** dance very well.

I **couldn't** phone you **yesterday**.

Die Vergangenheit (Past Tense) von ›can/can't‹ (können) ist ›could/couldn't‹.

260 Aussprache-Tipp

Pronunciation practice

You've probably heard of **Worcester** sauce, but did you know it is pronounced …

WU-ste; auf Deutsch Worcestersauce (WU-sta-soo-sse)

261 Synonyme

Synonyms – learning different ways of saying the same

Dasselbe anders sagen

He's **crazy**! verrückt

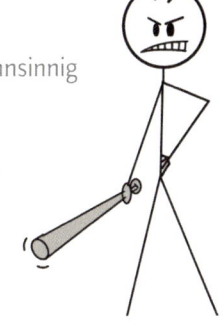

mad	wahnsinnig
insane	geisteskrank, wahnsinnig
loopy	bekloppt
wacky	schrullig
zany	irrsinnig komisch
crackers	durchgeknallt
loony	irre
bonkers	übergeschnappt

262 Eselsbrücke

Donkey bridges

The two letters that get confused the most in English are **I** and **E**.
(Aussprache I = ai und E = ie)

I und E sind die am häufigsten verwechselten Buchstaben im Englischen.

But it's easy!

Think of the department that keeps your computers running …

IT

Think of the first part of a word that describes learning English …

EASY

You see, **I** told you it was **E**ASY!!!!

Welche Abteilung kümmert sich um die Computer? IT. Einfach auf Englisch? EAsy!

263 Ein Wort, zwei Bedeutungen

One word – two meanings

So kannst du gut deinen Wortschatz erweitern!

The grass is looking very **green** after the rain.

He is very inexperienced and rather **green**.

Das Gras ist nach dem Regen ganz grün.

Er hat wenig Erfahrung und ist ziemlich naiv.

264 Auf keinen Fall!

No!

I have birthday. – **No, you don't!**

It is your birthday!

It's my birthday today.

It was my daughter's birthday yesterday.

Auf Deutsch »Ich habe …«,
auf Englisch ›It is …‹.

265 Aussprache-Übung

Pronunciation practice

hymn	**calm**	**yolk**
HIM	KAAM	JOUK
Hymne	ruhig	Eigelb

266 Kleiner Tipp

Nouns are spelt with a capital in German, but not in **English**.
He is a nice **b**oy.
She is a lovely **g**irl.

That **t**ree is nice.
Substantive werden auf Deutsch immer großgeschrieben, auf Englisch klein. Ausnahme: Eigennamen, Länder, Sprachen.

267 Synonyme

Synonyms – learning different ways of saying the same
Dasselbe anders sagen

That puppy is **adorable**.	hinreißend; junger Hund
sweet	knuffig
lovable	liebenswert
cute	süß
endearing	reizend

268 Kleiner Tipp

One euro, but 50 **euros**.

auf Englisch mit Plural-s

269 Das wissen viele nicht …

Not many people know this …

Get **better at** something, not
better in something.

besser werden mit oder in etwas

270 Kleiner Tipp

Another is one word.

another cup of tea –
noch eine Tasse Tee

'I won't say another word!'

271 Auf keinen Fall!

No!

Our room was **nearby** the lift. –
No!

Our room was **near** the lift. –
The lift was **nearby**.

›nearby‹ kann man nicht als Präposition
verwenden, nur als Adverb (in der
Nähe) oder Adjektiv (nahe gelegen).

272 Kleiner Tipp

Play **darts** not **dart**.

Darts, dt. oft Dart spielen

273 Ein bisschen was Nützliches

Something useful
I like to do something is ok.
I **like doing** something is even better.
We **love dancing**.

Like/love/hate/prefer are all preference verbs, the verb that follows should be in the -ing form:

I **love boxing**.

He **likes juggling**.

I **hate doing** my taxes.

He **prefers cooking** at home.

Auf Verben des Mögens und Nicht-Mögens sollte immer die -ing-Form folgen. Ist einfach besser.
Ich liebe/hasse/bevorzuge Tanzen, Boxen, Jonglieren, Steuer-erklärungen, Kochen.

274 Vokabeltrainer

A little help with the right words!

Go into **retirement** and receive a **pension**.

in Rente/Pension
gehen, Rente
bekommen

275 Immer diese Präpositionen …

Prepositions, prepositions

Something is **on** the radio, not **in** the radio.

läuft im Radio

276 Grammatik-Tipp

Grammar tip

Someone is **environmentally** friendly, not **environment** friendly.

Someone can be **politically** correct, not **political** correct.

umweltfreundlich, politisch korrekt; auf Englisch mit -ly, auch wenn ein Adjektiv näher bestimmt wird.

277 Vokabeltrainer

A little help with the right words!
A criminal **commits** a crime.
Ein Verbrecher begeht ein
Verbrechen. – ›swag‹ = Beute

278 Auf keinen Fall!

No!
We see us tomorrow? – **No!**
See you! – **See you** tomorrow.
Die direkte Übersetzung von »Wir
sehen uns morgen!« oder »Sehen wir
uns morgen?« ist ein falscher Freund!

simply wrong

279 Britisches und amerikanisches Englisch

UK versus US
In Britain you would take the **underground** or
the **tube**. In the States you travel by **subway**.
U-Bahn

280 Kleiner Tipp

I don't like the **pianoplayer**?
I don't like the **piano player**.
Many words that are one word in German
are split into two in English:

football player
tax declaration
spider's web

Fußballspieler,
Steuererklärung,
Spinnennetz; Komposita
im Englischen meistens
nicht zusammen-
geschrieben

281 Die Rechtschreibbiene

Spelling bee

The letter **e** can be found three times in '**extr**e**m**e**ly**'.

›extremely cold‹ (extrem kalt) mit drei e!

282 Auf keinen Fall!

No!

He has **an own house**. – **No, he doesn't!**

He has **his own house**.

Falsche direkte Über-setzung von »Er hat ein eigenes Haus«, auf Englisch nur »sein eigenes Haus«.

283 Ein Wort, zwei Bedeutungen

One word – two meanings

So kannst du gut deinen Wortschatz erweitern!

I love **palm** trees.
The fortune teller read my **palm**.

Ich liebe Palmen.
Der Wahrsager hat mir aus der Hand gelesen. (Handfläche)

284 Die Rechtschreibbiene

Spelling bee
Another word that is often misspelt
is **embarrassing**. Be careful!
peinlich, auf Englisch oft falsch
geschrieben, richtig sind zwei r, zwei s

285 Grammatik-Tipp

Remember to use the word 'more' for longer adjectives:
long   – long**er**
cool   – cool**er**

'It's never too wet to be cool!'

expensive – **more** expensive
serious   – **more** serious
lang, länger; kalt, kälter; teuer, teurer, ernst, ernster –
längere Adjektive werden mit ›more‹ gesteigert.

286 Kleiner Tipp

Don't mix up 'past' and 'passed':
All that trouble is now in the **past**.
I **passed** my English test!
All diese Schwierigkeiten gehören nun der
Vergangenheit an.
Ich habe meinen Englischtest bestanden.

287 Das wissen viele nicht ...

Not many people know this ...

If you pick up the phone and someone asks to speak to you, you need to say just one word: **Speaking**.

Can I speak to John Smith, please? **Speaking**.

Wenn ich ans Telefon gehe und jemand nach mir fragt, sage ich auf Englisch einfach »Spricht«.

288 Nicht länger als nötig!

Don't say too much!

Politicians are **in power**, not **in the power**.

an der Macht

289 Kleiner Tipp

'How do you do?' or 'How are you?'

Use '**How do you do**?' just once when meeting someone for the first time.

Use '**How are you**?' as a greeting at subsequent meetings.

Das formalere ›How do you do?‹ nur beim ersten Treffen, ›How are you?‹ danach.

290 Ähnlich, aber anders

Similar but different

If you go to see a band in a bar or hall, you go to watch **live music**. – Not **life music**!

nicht Lebensmusik, sondern »lebendige« Musik, auf der Bühne gespielt

291 Grammatik-Tipp

Verbs are usually described using an adverb:

work – work quick**ly**   drive – drive slow**ly**

But this rule does not apply to verbs that describe
senses:

Smell/feel/look/taste are described using
an adjective:

That sausage smells **good**.

This material feels very **soft**.

Your wife looks really **nice**.

This yoghurt does not taste very **good**.

Dieses Würstchen riecht gut. Dieses Material fühlt sich
sehr weich an. Deine Frau sieht sehr hübsch aus.
Dieser Joghurt schmeckt nicht sehr gut. – Verben
werden normalerweise mit einem Adverb (-ly) näher
beschrieben. Aber nicht bei Verben der
Sinneswahrnehmung!

292 Britisches und amerikanisches Englisch

UK versus US

A **truck** in America is a **lorry** in England.

Laster, LKW

293 Klingt deutsch

Sounds German

A **gymnasium** in England is actually a **sports hall (gym)**.

Gym jetzt auch in Deutschland oft für Fitnessstudio;
Gymnasium heißt auf Englisch ›grammar school‹.

294 Aussprache-Tipp

Say it right

The person who checks your eyes is an **optician**.

Aussprache
op-TI-schen; Optiker

295 Ein Wort, zwei Bedeutungen

One word – two meanings

So kannst du gut deinen Wortschatz erweitern!

The police used **force** to clear the demonstrators.
You can't **force** me to do that!

Die Polizei setzte Gewalt ein, um die Demonstranten zu verscheuchen.
Du kannst mich nicht zwingen, das zu tun!

296 Synonyme

Synonyms – learning different ways of saying the same

Dasselbe anders sagen

That dog is very **stubborn**. stur

headstrong	eigensinnig
obstinate	hartnäckig
strong-willed	dickköpfig
pig-headed	störrisch
awkward	renitent
bolshie	aufmüpfig
resolute	entschieden

297 Das gibt es doch gar nicht!

Non-existent nonsense!

'**It makes fun!**' is a direct translation (and is not good!).

It is fun!

Das macht Spaß! (Wir hatten Spaß = ›We were having fun‹)

298 Kleiner Tipp

You don't send **a E-mail**, you send **an e-mail**.

Unbestimmter Artikel vor Vokalen mit n – Ausnahmen siehe Tipp 85 und 89!

299 Synonyme

Synonyms – learning different ways of saying the same

Dasselbe anders sagen

The disco lights are **bright**.   hell

dazzling	glitzernd
glaring	grell
blinding	blendend
blazing	leuchtend
brilliant	glanzvoll
gleaming	strahlend